Pe. JOÃO DA SILVA MENDONÇA FILHO, sdb

SÃO JOSÉ,
Patrono das Famílias

Texto para meditar, novena e cantos

EDITORA
SANTUÁRIO

DIRETOR EDITORIAL:
Marcelo C. Araújo

REVISÃO:
Bruna Marzullo

EDITORES:
Avelino Grassi
Márcio F. dos Anjos

DIAGRAMAÇÃO:
Simone A. Ramos de Godoy

COORDENAÇÃO EDITORIAL:
Ana Lúcia de Castro Leite

CAPA:
Bruno Olivoto

ISBN 978-85-369-0129-9

IMPRIMA-SE
Por comissão do Arcebispo Metropolitano de Aparecida,
Dom Raymundo Damasceno Assis.
Pe. Carlos da Silva, C.Ss.R.
Aparecida, 28 de fevereiro de 2008

1ª edição: 2008

9ª impressão

Todos os direitos reservados à **EDITORA SANTUÁRIO** – 2022

Rua Pe. Claro Monteiro, 342 – 12570-000 – Aparecida-SP
Tel.: 12 3104-2000 – Televendas: 0800 0 16 00 04
www.editorasantuario.com.br
vendas@editorasantuario.com.br

Agradecimento

Agradeço ao padre José Benedito, sdb, e à equipe da novena de São José da minha paróquia o apoio e incentivo.

Apresentação

Depois da leitura de um livro sobre São José[1] senti a inspiração de escrever algo para alimentar a devoção popular em todos os homens e mulheres que acreditam na presença comunicativa de Deus no cotidiano, quando o Projeto de Deus se torna realidade.

José, o jovem de Nazaré, de linhagem davídica (Mt 1,1.16), foi uma das pessoas que soube reconhecer a presença amorosa de Deus ao longo da história e, principalmente, na sua própria vida. De repente, como num passe de mágica, Deus mudou os sonhos de José. O carpinteiro de Nazaré preparava-se para assumir como esposa a jovem Maria. Mas Deus queria muito mais que um matrimônio. Ele o tinha escolhido para a missão de paternidade. Sim, porque pai qualquer um pode ser, independentemente de um matrimônio ofi-

---

[1] Leonardo Boff, *São José a personificação do Pai*, Verus, 2005.

cial. Mas ser pai dentro do Projeto de Deus pedia algo mais, e José não tinha ideia do que estava por vir.

Por isso escolhi o título deste pequeno livro de *José, Patrono das Famílias*. Ambas as funções estão unidas a partir do matrimônio. Ser pai é uma missão que empenha o homem na nutrição da família com a presença afetuosa, o trabalho de sustentação, a disciplina diária, o ensinamento da fé e dos valores religiosos, o exercício da cidadania com o conhecimento da cultura e o trabalho honesto. José simboliza a presença de Deus criador que aos poucos vai dando forma à consciência religiosa e política de Jesus. Com ele Jesus aprendeu a chamar Yahvé de paizinho – Abbá.

Este livro tem como destinatários todos os homens e mulheres que aprenderam e que desejam aprender a confiar no Pai que Jesus amou, e no esposo que cuidou afetuosamente de Maria, compartilhando com ela as maravilhas de Deus (Lc 1,47).

O livro tem três partes: na primeira, ajudarei você a refletir sobre o que o Evangelho nos diz sobre José. É pouca coisa, mas a qualidade é imensa. Na segunda, partilho com você três textos de oração, uma proposta de novena. Uma é comunitária, na qual colocamos em evidência algumas atitudes paternas de

José; a segunda é pessoal; e a terceira, para ser usada na visita às famílias.

Na terceira parte vamos dedicar espaço para alguns cantos, textos e orações que podem ajudar-nos a dialogar com Deus pela intercessão de São José, à luz de sua missão e da nossa de filhos e filhas de Deus.

Este Ano será dedicado aos 150 anos da declaração de São José, Padroeiro Universal da Igreja. A Carta Apostólica do Papa Francisco, cujo tema é COM CORAÇÃO DE PAI, dá ênfase à paternidade do amor de pai: pai na ternura; pai na obediência; pai no acolhimento; pai com coragem criativa; pai trabalhador; pai na sombra! É importante celebrarmos com júbilo esta data, inspirados nos Evangelhos de Mateus e Lucas, que apresentam a pessoa de José como o homem justo, isto é, aquele que soube reconhecer a Graça da justiça de Deus. Rezemos sempre a bela oração que Papa Francisco nos deixa para este tempo de graça: "Salve, guardião do Redentor e esposo da Virgem Maria! A vós Deus confiou seu Filho; em vós Maria depositou sua confiança; convosco, Cristo tornou-se homem. Ó Bem-Aventurado José, mostrai-vos pai também para nós e guiai-nos no caminho da vida. Alcançai-nos graça, misericórdia e coragem e defendei-nos de todo o mal. Amém" (Patris Corde, Ed. CNBB, p. 25).

Espero que este pequeno texto ajude-nos a sonhar como José, a amar Maria como José amou, a contemplar o mistério encarnatório de Deus em Jesus, como ele teve a alegria de descobrir no cotidiano da pequena vila de Nazaré da Galileia.

O autor

Confiança em Deus

Sl 9,1-5.10-12.17-21

No Salmo 9, renovamos nossa confiança em Deus que nos protege e revela o seu amor de doação e paternidade. José viveu, nos momentos da vida de Jesus, o perigo, a fuga, o exílio. Herodes queria matar a criança e José recebeu a missão de proteger mãe e filho. O ímpio, pecador, é aquele que busca destruir e matar; o justo é aquele que luta para garantir a vida plena.

> Eu vos louvarei, Javé, de todo o coração,
> proclamarei todas as vossas maravilhas.
> Quero alegrar-me e exultar em vós,
> cantar o vosso nome, ó Altíssimo.
> Meus inimigos recuaram,
> diante de vossa face caíram e pereceram.
> Porque sustentastes meu direito e minha causa,
> sentastes em vosso trono como justo juiz.

Para o oprimido Javé será um refúgio,
um refúgio no tempo da angústia.
Em vós confiam os que conhecem vosso nome,
pois não desamparais os que vos buscam, Javé.
Cantai louvores a Javé, que habita em Sião,
entre os povos suas obras proclamai.
Javé se manifestou, exerceu o juízo,
o ímpio foi apanhado em sua armadilha.
Sejam lançados no abismo os ímpios,
e todas as gentes que se esquecem de Deus.
Porque o pobre não ficará esquecido para sempre,
a esperança dos aflitos jamais se perderá.
Levantai-vos, Javé, não prevaleça o homem,
sejam as nações julgadas em vossa presença.
Javé, incuti nelas o temor,
saibam as nações que são mortais.[2]

---

[2] Os textos bíblicos são extraídos da Bíblia Sagrada de Aparecida, Editora Santuário, 2006.

1ª Parte

O que o evangelho diz sobre São José?

Aqui precisamos fazer uma opção por um dos Evangelhos. Isso é compreensível. Cada evangelista procurou anunciar Jesus a partir de sua própria experiência, por isso temos formas distintas de compreensão da pessoa e da missão de Jesus. Escolhi São Mateus. Segundo a antiga tradição, fundamentada nas primeiras comunidades cristãs, Mateus seria um texto elaborado a partir de outras fontes, uma delas, Marcos. Sua estrutura quer ressaltar a natureza de Jesus, ou seja, sua origem da mesma descendência de Davi e sua identidade messiânica. Jesus, então, é o Messias esperado, filho de Abraão e filho de Davi.

Sendo assim, Mateus mostra-nos a figura paterna de José dentro dessa realidade messiânica. Depois de apresentar uma genealogia sobre a origem de Jesus (1,6-16),

Mateus apresenta-nos um belíssimo texto em que, em comparação com o de Lucas, no qual o Anjo anuncia a Maria a encarnação de Jesus (Lc 1,26-38), ele nos fala do anúncio a José (1,18-25). O texto é muito interessante e vale a pena lembrar:

> Assim aconteceu o nascimento de Jesus: Maria, sua mãe, era noiva de José e, antes de viverem juntos, ela ficou grávida por obra do Espírito Santo. José, seu noivo, sendo uma pessoa de bem, não quis que ela ficasse com o nome manchado e resolveu abandoná-la sem ninguém o saber. Enquanto planejava isso, teve um sonho em que lhe apareceu um anjo do Senhor para dizer-lhe: "José, filho de Davi, não tenhas medo de receber Maria como esposa, porque a criança que ela tem em seu seio vem do Espírito Santo. Ela terá um filho, e tu lhe darás o nome de Jesus, pois ele salvará seu povo de seus pecados". Tudo isso aconteceu para se cumprir o que o Senhor tinha dito pelo profeta com estas palavras: "A virgem conceberá e dará à luz um filho, a quem chamarão Emanuel, nome que significa 'Deus conosco'". Quando acordou, José fez o que o anjo do Senhor havia mandado. Levou sua esposa para casa e, sem que a ela se unisse, ela teve um filho. E José lhe deu o nome de Jesus.

Trata-se de um texto muito bonito. Maria e José estavam prometidos em casamento, porém, não viviam juntos. Era um costume da época. O casal permanecia na própria casa. No dia determinado, o noivo era levado pelos seus até a casa da noiva. Numa grande festa os dois eram levados ao templo e unidos com a bênção sagrada. Somente a partir desse rito é que o casal podia conviver como marido e mulher.

Os dois estavam preparando-se para esse rito quando José foi informado que Maria estava grávida. Imagine o susto, a decepção e a angústia do jovem noivo. Em seus pensamentos, ele não queria deixar a mulher amada ser apedrejada como mandava a lei nesses casos. Então, resolveu fugir, assumindo assim a culpa da gravidez, tornando-se covarde diante do povo. Ele era justo. Mas Deus não queria assim. Revelou a José seu Projeto de Salvação. E disse que ele iria colocar o nome da criança: Jesus! Com essa orientação, Deus Pai deu a José o direito de ser pai de Jesus com todas as consequências da paternidade. A promessa antiga cumprira-se em Maria, através daquela gravidez misteriosa que mudava radicalmente o rumo de suas vidas.

Certamente José viveu momentos de crise. Seu sonho poderia ser uma ilusão. Talvez seu amor por Maria houvesse influenciado nesse tipo de sonho. Mas aos poucos aquela novidade foi-se revelando. José contemplava a cada dia a gravidez da mulher amada. Compartilhou com ela aqueles meses de espera. Era a espera do Messias salvador. A espera que tantos quiseram ver e não conseguiram. Agora José estava diante do milagre. No corpo de Maria, a nova arca da aliança, o Verbo estava presente dando novos motivos para crer e lutar.

O exílio no Egito

Mateus relata-nos que os primeiros dias de vida de Jesus foram cheios de alegrias, surpresas e medos. Os magos chegaram trazendo presentes (2,11-12) e Herodes mandou matar as crianças de dois anos para baixo, pensando assim matar o menino que nascera em Belém (2,16s.). O anjo voltou a aparecer em sonho a José e mandou que ele fosse para o Egito com a criança e a mãe.

José assumiu a proteção de sua família e fez sua caminhada pelo deserto até o Egito. Deserto, lugar da solidão, do calor e do frio, da sede e da fome. É o lugar que Deus escolhe para esconder aquele que os magos tinham descoberto e que Herodes queria matar. Contudo, foi nesse deserto que o menino começou a crescer e a experimentar a proteção de Deus. Foi também no deserto que o Povo de Israel, guiado por Moisés, aprendeu entre luzes e sombras a reconhecer o Deus libertador.

Agora é Jesus que desde o deserto guia o novo Povo de Deus para o Ano da Graça de Deus.

Não é por acaso que Jesus é tão íntimo do deserto. Nele ele viveu seus 40 dias de jejum e oração (Mt 3,1ss.) e encontrou o Batista, que foi batizado por ele (Mt 3,1.13-15). Certamente, o contato com José no exílio ajudou Jesus a olhar o deserto como lugar da revelação do Deus que protege seu povo, pois ele representa o povo novo que sai do Egito para libertar os cativos.

A vida em Nazaré

Mateus informa-nos que depois da morte de Herodes (3,19), o Anjo apareceu novamente a José orientando que ele voltasse para a terra de Israel. José obedece, mas não volta para a Judeia e sim para Nazaré, lugar de sua partida antes do recenseamento (Lc 2,4). Na verdade, Mateus desenha a identidade peregrina de Jesus a partir de sua própria formação familiar.

Foi também num sonho que José recebeu a orientação de seguir para Nazaré para viver com sua família (3,22-23). Não posso afirmar categoricamente como José organizou a vida de sua família na insegurança daqueles tempos de perseguições e governantes opressores, mas podemos imaginar um José trabalhador na sua pequena oficina de artesão ganhando o pão de cada dia com o suor de seu rosto. Certamente, José foi um construtor de bancos, mesas, cuidava de alguns animais, comercializava suas criações e ensinou Jesus a trabalhar.

Jesus foi também um pequeno trabalhador na oficina de seu pai. Podemos imaginar Jesus menino, adolescente e jovem trabalhando ao lado de seu pai José. Aprendeu com ele a trabalhar com mãos humanas, a ganhar o pão com o trabalho honesto, a vender e comprar valorizando o bem comum. O pai José ajudou Jesus a compreender o valor do trabalho humano; tanto é assim que Mateus informa-nos que Jesus chamou homens trabalhadores para serem seus discípulos (4,18ss.), inclusive o cobrador de impostos chamado Mateus (9,9s.).

Os exemplos que Jesus dava em suas pregações, relacionadas à natureza: os pássaros alimentados por Deus (6,26), os lírios do campo (6,28s.), a árvore boa e a árvore má (7,17ss.), a casa construída sobre a rocha (9,24ss.), a parábola do semeador (13,1-8), o joio e o trigo (13,24-30), o grão de mostarda comparado ao Reino dos Céus (9,31ss.), o fermento (16,5ss.), a parábola da ovelha perdida (18,12-14), os trabalhadores da vinha (20,1-16), a figueira amaldiçoada (21,18ss.), revelam sua intimidade com o verde exuberante da Galileia que ele aprendeu a conhecer com seu pai. Jesus tocou com as mãos e contemplou com os olhos a beleza da criação que falava de seu pai Abbá. Amou com coração humano toda essa grandeza da bondade de Deus e a fez veículo de sua pregação libertadora. Através da natureza ele ensinou a descobrir a obra genial de Deus que a cada dia rejuvenesce diante de nossos olhos. Isso nos inspira a dizer: "Quem tem os olhos para ver que veja!"

Tudo isso começou a amadurecer na escola de Nazaré com José e Maria. Aos poucos, José foi passando ao filho a sabedoria do povo antigo (Provérbios, Sabedoria e Eclesiástico).

Certamente, o pequeno Jesus acompanhava o pai José na sinagoga rezando e ouvindo o rabino proclamar a Palavra de Deus. Ali José foi o educador de Jesus na descoberta do Projeto de Deus. A assimilação das Escrituras e, em seguida, a capacidade criativa de Jesus em falar das coisas de Deus nasceu aos pés de José, na escuta atenta de seu pai que falava das maravilhas de Deus. Não sabemos se algum dia Jesus foi informado sobre os sonhos de José e a gravidez misteriosa de sua mãe, porém, um dia ele disse: "Porque todo aquele que faz a vontade de Deus, esse é para mim irmão, irmã e mãe" (Mc 3,35). Com certeza ele assimilou no exemplo de Maria e José o que significa viver essa experiência de Deus. Com eles aprendeu a chamar a Deus paizinho (Mt 6,9b).

O Temor De Deus

Eclesiástico 17,1-12.21-22.24

A sabedoria dos antigos serviu de escola para José educar Jesus no temor de Deus. Ele crescia em sabedoria e graça diante de Deus e dos homens (Lc 2,52), relata-nos a comunidade de Lucas. Por isso, proponho para sua leitura e meditação este trecho dos Eclesiástico:

> Da terra Deus criou o homem e o fez conforme sua imagem; à terra o faz voltar de novo e o revestiu de força semelhante à sua.
>
> Concedeu ao homem dias contados e um tempo marcado, e deu-lhe o domínio sobre as coisas que existem na terra.
>
> Infundiu em todo ser vivo o temor do homem, para que este dominasse sobre os animais e as aves.
>
> Deu aos homens discernimento, língua, olhos, ouvidos e coração para pensar, e cumulou-os de instrução e de saber.

Deu-lhes também a ciência do espírito, encheu seu coração de bom-senso e mostrou-lhes o bem e o mal.

Pôs seu olho em seus corações, mostrando-lhes a grandeza de suas obras.

Concedeu-lhes que se gloriassem de suas maravilhas, para louvarem seu santo nome e anunciarem a grandeza de suas obras.

Além disso deu-lhes a instrução e como herança a lei da vida.

Estabeleceu com eles uma aliança eterna e revelou-lhes sua justiça e seus decretos.

Seus olhos contemplaram a grandeza de sua glória, e seus ouvidos ouviram a majestade de sua voz.

Disse-lhes: "Guardai-vos de toda injustiça!"

E deu a cada um preceitos referentes ao próximo.

Retorna ao Senhor e abandona teus pecados, reza diante dele e diminui tuas ofensas.

Reconhece a justiça e os decretos de Deus e permanece firme no estado em que te colocou e na oração ao Deus altíssimo.

Essa sabedoria antiga, certamente, influenciou as atitudes paternais do jovem José como mestre religioso de seu filho. Os homens levavam os filhos homens para a oração e, com certeza, liam com eles os textos antigos, fazendo-os memorizar os valores da fé e da obediência a Deus. Neles estava contido o sentido da justiça de Deus tão presente nas pregações de Jesus quando falava do Reino dos Céus. Sendo homem justo, José não deixou de transparecer sua confiança no Deus que dá o melhor aos seus filhos.

Por isso Jesus falava abertamente da confiança em Deus quando dizia: "Olhai as aves do céu: não semeiam nem colhem, nem ajuntam mantimentos no paiol; no entanto, vosso Pai celeste lhes dá o alimento" (Mt 6,26). Mais ainda quando fala das obras de justiça: não matar (Mt 5,21), não cometer adultério (Mt 5,27ss.), não jurar em falso (Mt 5,33ss.), perdoar (Mt 5,38ss.), amar aos inimigos (Mt 5,43ss.), compreender o sentido da esmola (Mt 6,1ss.), fazer o jejum verdadeiro (Mt 6,16ss.). Todos esses ensinamentos nascem da consciência de Jesus sobre a justiça de Deus que ele aprendeu na pequena oficina de José.

2ª Parte

Rezar a Deus Invocando São José

A devoção aos santos nasceu logo no início da Igreja, no contexto das perseguições. Os mártires eram venerados como autênticos seguidores de Jesus. Depois, no século oitavo, acentuou-se a prática de promessas e cultos aos santos. São José passou a ser venerado no Oriente durante o século VIII; mais tarde, no século 15, o Papa Sixto IV incluiu na oração oficial da Igreja a veneração a São José. No século 17, o Papa Gregório XV marcou para 19 de março a festa de São José; e no final do Concílio Vaticano I (1870), São José foi declarado Patrono da Igreja Universal. O Papa Pio XII declarou 1º de maio como o Dia de São José, Trabalhador. Mais tarde, João XXIII introduziu a Missa: São José, esposo de Maria.

A descoberta da paternidade de São José foi aos poucos conquistando espaço dentro da devoção popular. Havia um medo de aproximar muito do amor humano José e Maria com receios infundados de macular a virgindade de Nossa Senhora. José foi o homem justo. Ele soube compreender o mistério que envolvia a vida de sua esposa, e não deixou de amá-la.

Quando rezamos invocando São José, dirigimo-nos a Deus todo-poderoso. O Santo dos Santos! Nossa veneração ao santo aproxima-nos de Deus e de seu projeto de salvação, pois ele é aquele que santifica. José mostra-nos Jesus. A imagem de José mostra sempre um pai que apresenta o filho ao mundo. Esse Jesus é a imagem visível de Deus que encarnou para trazer ao mundo a luz.

Partilho, então, um modelo de novena com três objetivos definidos. Mostrar:

– José obediente à Palavra de Deus;
– José, o homem de fé;
– José, o protetor da família.

São três valores que gostaríamos fossem também nossos valores. Não queremos propor uma novena baseada na ideologia da prosperidade, no individualismo. Nossa pretensão é motivar uma prática oracional que ajude o cristão a viver na sociedade com o coração no Absoluto. Isso é um desafio. O resto virá por acréscimo porque Deus cuida de seus filhos. Ele sabe do que necessitamos (Mt 6,32ss.) – não vos preocupeis, diz Jesus, com o dia de amanhã (Mt 6,34).

I

NOVENA A SÃO JOSÉ, PAI DE JESUS E ESPOSO DE MARIA

(Na porta da igreja, prepare-se uma procissão com cinco quadros de São José.)

Todos: Seja bendito quem chega, trazendo paz, trazendo paz, trazendo a paz.

1. Canto

2. Acolhida

(O padre acolhe o povo com algumas palavras para motivar o sentido da novena. Em seguida invoca a Santíssima Trindade com este ou outro canto apropriado:)

Venham, ó irmãos, ao Senhor cantar. (bis)
Ao Deus que escolheu José, venham festejar. (bis)
Seu amor por nós, firme para sempre. (bis)
Sua fidelidade dura eternamente. (bis)

Glória ao Pai e ao Filho e ao Santo Espírito (bis)
(Fazer sinal da cruz.)
Glória à Trindade Santa, glória ao Deus bendito. (bis)
Aleluia, irmãs, aleluia, irmãos. (bis)
(Saudar a pessoa que está ao lado.)
Povo de sacerdotes, a Deus louvação. (bis)
A São José, nosso querido santo. (bis)
Nossa veneração e o nosso canto. (bis)

3. Aspersão com água

– A água recorda nosso batismo. É a partir dele que começamos a ouvir a Palavra de Deus.
(O padre percorre a igreja, aspergindo o povo enquanto se canta um canto penitencial.)

4. Primeira oração

São José, obediente à Palavra de Deus

Ó São José, nós vos veneramos como casto esposo da Mãe de Deus, como pai da Sagrada Família de Nazaré e como fiel ouvinte da Palavra de Deus.

Em vós reconhecemos a vontade de Deus Pai, que vos colocou ao lado de Maria e Jesus como servo justo, trabalhador, pai, esposo e cheio de fé.

Nós vos pedimos que continueis a abençoar e proteger a nossa Igreja particular, a nossa comunidade paroquial, as nossas famílias e o Papa.

Dai-nos olhos para ver as necessidades de todos os nossos irmãos e irmãs.

Que, na leitura orante da Palavra de Deus, tenhamos a mesma atitude de confiança e abertura que tivestes à vontade de Deus Pai. Amém!

Todos: *(cantado ou rezado)* **Glória a Deus Pai, ao Filho e ao Espírito Santo, como foi e sempre será.** (bis)

5. Leitura da Palavra de Deus
(Rm 4,13.16-18.22)

O sentido da justiça de Deus, tão cara na vida de Jesus, leva-nos a José, o homem justo. Escute a Palavra e faça silêncio!

6. Segunda oração

São José, homem de fé

Nosso patrono, São José, fostes abençoado por Deus com um coração justo, generoso e cheio de fé,

Soubestes aceitar e amar Maria como esposa e Jesus como filho querido, nutrindo-os com o trabalho honesto e a presença paternal responsável.

Vossa vida sacrificada em Nazaré nos inspira a sermos prudentes e cristãos, confiantes na providência de Deus Pai, que não deixa faltar nada a seus filhos e filhas. Por isso vos pedimos: nos momentos de dificuldades, dúvidas e fracassos, ajudai-nos a descobrir e a realizar a vontade de Deus; nunca perdendo a esperança e comprometendo-nos com o bem do próximo, em vista de uma sociedade mais justa, que promova o bem de todos, iluminada pela fé em Jesus Cristo, a luz do mundo. Amém!

Todos: *(cantado ou rezado)* **Glória a Deus Pai, ao Filho e ao Espírito Santo, como foi e sempre será.** (bis)

7. Evangelho *(Mt 1,16.18-21.24)*

O anúncio do Anjo a José ajuda-nos a compreender como Deus escolhe e protege os justos. Depois da leitura, o padre pode fazer uma homilia destacando, sempre a partir das leituras, os valores da devoção a São José para a vida dos cristãos.

8. Terceira oração

São José, protetor!

A vós, São José, recorremos em nossas necessidades e tribulações.

De vós aprendemos a amar Maria e a contemplar o Verbo de Deus encarnado, Jesus Cristo, nosso Salvador, presença viva entre nós na Eucaristia.

Afastai de nós toda espécie de dúvida de fé, medo e desconfiança na providência de Deus. Amparai cada pessoa doente, necessitada e em perigo.

Ajudai-nos a viver santamente nosso batismo, seguindo nossa vocação na Igreja e na sociedade. Protegei o Povo de Deus peregrino nesta terra. Amparai o nosso Papa, o nosso bispo, o clero, as religiosas e os religiosos, seminaristas e todas as nossas famílias.

Na hora da nossa morte dai-nos a paz e a confiança na vida eterna e suavizai nossas dores. Amém!

Todos: *(cantado ou rezado)* **Glória a Deus Pai, ao Filho e ao Espírito Santo, como foi e sempre será.** (bis)

9. Adoração e bênção do Santíssimo

(O padre ou o ministro expõe o Santíssimo, incensa e deixa a comunidade em silêncio diante do Mistério de Deus. Após um tempo, o padre intervém com uma oração espontânea, convidando o povo a repetir suas palavras dirigidas a Deus presente na Eucaristia. Propõe a oração de Santo Tomás de Aquino que se encontra na terceira parte do livro. Em seguida, dá a bênção com o Santíssimo.)

10. Canto

Tão sublime sacramento, adoremos neste altar, pois o antigo testamento deu ao novo seu lugar; venha a fé por suplemento os sentidos completar. Ao eterno Deus cantemos e a Jesus, o Salvador, ao Espírito exaltemos, na Trindade, eterno amor. Ao Deus Uno e Trino demos a alegria do louvor. Amém!

P: Do céu lhes destes o pão! Aleluia.
T: Que contém todo o sabor! Aleluia.

Oremos: Ó Deus, que neste admirável sacramento nos deixastes o memorial de vossa paixão, concedei-nos tal veneração pelos sagrados mistérios do vosso corpo e do vosso sangue; que experimentemos sempre em nós a sua eficácia redentora. Vós, que sois Deus, com o Pai e o Espírito Santo. Amém!

11. Recolher o Santíssimo e preparar para a comunhão

12. Comunhão

(O padre realiza o rito da comunhão, convidando a Assembleia a entrar em comunhão com Deus, assim como comungou da Palavra.)

13. Sorteio dos quadros e testemunhos

Depois da comunhão, o padre, ou alguém escolhido por ele, sorteia os quadros de São José. O objetivo é que as pessoas levem o quadro para suas casas e durante o mês possam peregrinar com o mesmo pela vizinhança, rezando as orações da novena e meditando na Palavra de Deus. É importante visitar os doentes, idosos e as famílias. Essa é a dimensão missionária da novena. No próximo encontro, o padre chamará as pessoas que levaram os quadros para que deem testemunho dessa experiência missionária. Antes da novena, as pessoas sejam convidadas a escrever o próprio nome num papel e depositar numa urna para o sorteio.

14. Oração conclusiva

Ó Deus, que por inefável providência vos dignastes escolher o bem-aventurado José para esposo de Maria e Pai de Jesus, concedei-nos, vos pedimos, que venerando-o aqui na terra como protetor e ouvinte da Palavra, mereçamos receber o dom da salvação. Por Cristo nosso Senhor. Amém

15. Canto final *(a escolher, ver p. 43)*

II

NOVENA
PARA USO PESSOAL

(Este breve texto é para você usar durante sua oração pessoal.)

1. Oração inicial

Senhor Deus, abra meus lábios *(faça o sinal da cruz sobre a boca)* para que eu saiba proclamar palavras de vida que saciem minha sede de paz interior.

2. Hino *(Sl 119,145-152)*

De todo o coração vos invoco, Javé, respondei-me; observarei vossos estatutos.

A vós eu clamo, salvai-me, e vossos testemunhos guardarei.

Precedo a aurora e suplico; espero em vossa palavra.

Meus olhos antecipam as vigílias da noite para meditar em vossa promessa.

Escutai minha voz segundo vossa bondade, Javé; fazei-me viver de acordo com vossas decisões.

Aproximam-se de mim os que seguem a maldade; estão longe de vossa lei.

Mas vós, Javé, estais perto, e todos os vossos mandamentos são verdade.

Há muito tempo conheço vossos testemunhos que estabelecestes para sempre.

3. Palavra de Deus *(1Cor 10,24-31)*

Ninguém procure a sua própria vantagem, mas a vantagem do outro. Quer comais, quer bebais, quer façais qualquer outra coisa, fazei tudo para a glória de Deus.

Outros textos: Dt 4,39-40a; Cl 3,16; 1Jo 3,17-18; Is 55,1; 1Ts 3,12-13; Sb 15,1-3.

4. Momento de silêncio

a) Repita em silêncio a Palavra lida (oração).
b) Procure imaginar que a Palavra foi dirigida a você (meditação).

c) Medite sobre a mensagem e consequências para a sua vida (contemplação).

d) Faça um propósito para o seu dia a partir da Palavra (ação).

e) Leia com atenção a segunda oração da novena.

5. Ladainha de São José

– Leia com atenção a Ladainha, fazendo dela motivos pessoais para ser justo(a).

6. Conclusão

Senhor, Deus da unidade, ajudai-me a viver a mútua compreensão com minha família, com um só coração e uma só alma, agora e para sempre. Amém!

III

NOVENA PARA VISITA NAS FAMÍLIAS

(Com o quadro de São José, um grupo de pessoas dirige-se a uma família ou a uma pessoa doente, sempre na vizinhança.)

1. Saudação

(Reunidas as pessoas da casa, o dirigente diz:)

D.: Trazemos para vocês o quadro de São José para rezarmos juntos. Desejo que a Paz do Senhor esteja nesta casa.

T.: Abrimos a porta de nossa casa para que entre a graça de Deus. Vinde, Senhor Jesus!

D: Deus vos salve, Deus! Deus vos salve, Deus! Deus salve esta casa onde mora Deus. Deus vos salve, Deus! Deus vos salve, Deus! Deus salve as pessoas onde mora Deus.

2. Oração inicial

(Pode ser cantada ou proclamada com alternância entre dirigente e povo.)

Vem, ó Deus da vida, vem nos ajudar (bis)
Vem, não demora mais, vem nos libertar! (bis)
Glória ao Pai e ao Filho e ao Santo Espírito. (bis)
Glória à Trindade Santa, glória ao Deus bendito. (bis)
Aleluia, irmãs, aleluia, irmãos. (bis)
Do povo que trabalha a Deus louvação. (bis)
A São José, louvemos com alegria. (bis)
Ele é esposo de Maria e pai do salvador. (bis)

3. Canto
(Escolher da terceira parte, p. 43)

4. Primeira oração da novena *(ver p. 51)*

5. História da vida
(O dirigente suscita entre os participantes e a família visitada um diálogo sobre os fatos da vida.)

6. Segunda oração da novena *(ver p. 51)*

7. Palavra de Deus *(1Pd 1,6-9)*

Irmãos e irmãs, vocês devem alegrar-se, mesmo se agora passam por várias provações. Desse modo, a fé que vocês têm será provada como o ouro no meio do fogo. O ouro vai desaparecer, mas a fé, que vale muito mais, não se perderá, até o dia da revelação de Jesus Cristo. Vocês nunca viram Jesus e, apesar disso, o amam. Não o veem, mas acreditam. E por isso sentem alegria extraordinária e gloriosa, porque alcançam a meta da fé, que é a Salvação.

Outros textos: Cl 3,12-17; Mt 5,13-16; 1 Jo 4,11-13.16; Lc 6,20-26; 2Cor 4,5-10; Jo 17,20-23

8. Terceira oração da novena *(ver p. 51)*

9. Ladainha de São José
(Ver na terceira parte.)

10. Oração comunitária

(As pessoas presentes façam orações espontâneas pela família visitada, pela pessoa doente e pelas necessidades do grupo. Depois de cada oração, repita-se:)
– Pela intercessão de São José, ouvi-nos, Senhor!
(Intenções livres)
D. Oremos: Fiel companheiro e educador de Jesus, São José, animados por vosso exemplo de leigo consagrado no próprio lar, por vossa intercessão, pedimos a Deus o surgimento de muitos corações generosos. Nossas famílias precisam de pais comprometidos com a própria

missão, e nossas escolas, de educadores autenticamente cristãos. Todos nós devemos continuar a viver coerentes com os ensinamentos de Jesus. Nós confiamos no vosso patrocínio, São José. Assim seja!

11. Conclusão

D.: Pela intercessão de São José, escolhido por Deus para ser pai de Jesus e esposo de Maria, o Senhor do universo abençoe-nos com o dom da Paz, protegendo nossos caminhos e fortalecendo nossa fé, agora e para sempre. Amém!
D.: O Senhor nos dê a sua bênção e nos favoreça.
T.: Amém.
D.: O Senhor nos mantenha unidos como irmãos.
T.: Amém.
D.: O Senhor dirija a nossa vida na vivência de nossas famílias.
T.: Amém
D.: O Senhor dirija para nós o seu rosto e nos dê a paz.
T.: Amém.

Agradecimento ao Senhor

Sl 145 (146),1-10

O Salmo é a oração de um povo ou de uma comunidade confiante em Deus. No caso do Salmo 145 é uma oração pessoal, de um fiel que reconhece todas as maravilhas que o Senhor realiza em sua vida. Ele agradece, faz memória da justiça de Deus e anuncia que o Senhor protege todos sempre.

> Louva a Javé, minha alma; enquanto eu viver, louvarei a Javé, cantarei hinos a meu Deus por toda a minha vida.
> Não confieis nos poderosos, em seres humanos que não podem salvar.
> Exalam o espírito e voltam ao pó da terra; nesse dia se acabam seus planos.

Feliz aquele cujo auxílio é o Deus de Jacó e cuja esperança é Javé, seu Deus, que fez o céu e a terra, o mar e tudo o que há neles, e que mantém sua fidelidade para sempre.

Ele faz justiça aos oprimidos, dá alimento a quem tem fome.

Javé livra os prisioneiros, Javé devolve a vista aos cegos, Javé levanta os abatidos, Javé ama os justos.

Javé protege os estrangeiros, ampara o órfão e a viúva, mas transtorna o caminho dos ímpios.

Javé reinará para sempre, teu Deus, ó Sião, por todas as gerações.

3ª Parte

Cantos e Textos
Para nos ajudar a dialogar com José

I. CANTOS

1. Hino de São José
(CD em Louvor a São José – Paulinas)
1. Ó São José querido, meu caro protetor, seja meu canto ouvido na glória do Senhor.

Quando estiver morrendo, quero com viva fé me consolar dizendo: Jesus, Maria e José.

2. És de Maria esposo, íntegro São José, para eu morrer ditoso, pede por mim você.

3. Quando uma vez partida para mansão da luz, minh'alma dirigida, ó leve ao bom Jesus.

2. Bom José
1. Olha que foi meu bom José se apaixonar pela donzela, entre todas a mais bela de toda a sua Galileia. Casar com Débora ou com Sara, meu bom José, você

podia, e nada disso acontecia, mas você foi amar Maria. Você podia, simplesmente, ser carpinteiro e trabalhar, sem nunca ter que se exilar ou se esconder com Maria.

2. Meu bom José você podia ter muitos filhos com Maria e o teu ofício ensinar, como teu pai sempre fazia. Porque será meu bom José que este teu pobre filho, um dia, andou com estranhas ideias que fizeram chorar Maria! Me lembro às vezes de você, meu bom José, meu pobre amigo, que desta vida só queria ser feliz com sua Maria.

3. Todos os trabalhadores
(L e M: Pe. Joãozinho, scj. CD Em Louvor a São José – Paulinas)

1. Todos os trabalhadores vamos juntos entoar, operários, lavradores, São José vamos saudar, ai, ai, ai, ai! A mulher trabalhadora, faxineira e professora, e também dona de casa, tem os filhos pra cuidar, ai, ai, ai, ai.

São José, homem do povo, entendeu a mensagem do Senhor, operário, feliz esposo de Maria a mãe do salvador, de Maria a mãe do Salvador, ai, ai, ai, ai

2. Empregada, balconista, empresário e escritor, comerciante e artista cantam juntos o louvor, ai, ai, ai, ai Santo humilde, homem justo, elevamos nossa voz. Teu exemplo nos ajude, que a justiça em nós, ai, ai, ai, ai.

4. Alguém te apresentou Maria

1. Que foi que te encantou nesta donzela! Que foi que te encantou! Que foi que te levou a casa dela! Quem foi que te levou!

Andavas procurando a namorada ideal, pedias ao Senhor que te ajudasse a encontrá-la... e de repente um dia alguém te apresentou Maria. (bis)

2. Que foi que viste tu nos olhos dela, que foi meu bom José! Que até te fez sonhar com ela nos céus de Nazaré.

3. Agora desposaste a tua eleita na paz do teu Senhor. A vida se tornou bem mais perfeita, com ela tem mais cor.

5. Que alegria!
(Carlos Navarro e Waldecir Farias)

1. Que alegria, Cristo ressurgiu! No Evangelho Ele vai falar. Entoemos nosso canto de louvor e gratidão: sua Palavra vamos aclamar. Aleluia, aleluia, aleluia, aleluia! (bis)

6. Tu anseias a salvação

1. Tu anseias, eu bem sei, a salvação. Tens desejo de banir a escuridão. Abre, pois, de par em par teu coração e deixa a luz do céu entrar.

Deixa a luz do céu entrar. (bis) **Abre bem as portas do teu coração e deixa a luz do céu entrar.**

2. Cristo, a luz do céu, em ti quer habitar. Para as trevas do pecado dissipar, teu caminho e coração iluminar! E deixa a luz do céu entrar!

7. O Pão da vida, a comunhão
(Pe. José Weber)

O Pão da vida, a comunhão, nos une a Cristo e aos irmãos e nos ensina a abrir as mãos para partir, repartir o pão. (bis)

1. Lá no deserto a multidão com fome segue o Bom Pastor, com sede busca a Nova Palavra, Jesus tem pena e reparte o Pão.

2. Na Páscoa nova da Nova Lei quando amou-nos até o fim partiu o Pão, disse: Isto é meu corpo, por vós doado, tomai e comei.

3. Se neste Pão, nesta Comunhão, Jesus por nós deu a própria vida, vamos também repartir os dons, doar a vida por nosso irmão.

4. Onde houver fome reparte o Pão e tuas trevas hão de ser luz; encontrarás Cristo no irmão, serás bendito do Eterno Pai.

8. Festejemos hoje a glória
(Canto de entrada: L. Pe. Lúcio Floro; M. Míria T. Kolling – CD Em Louvor a São José – Paulinas)

1. Com Jesus e com Maria festejemos hoje a glória de José, que o Pai um dia fez entrar em nossa história da

mãe Virgem; és esposo como um pai, és pra Jesus para nós, és glorioso protetor, amigo e luz!

2. Moço e santo: dois encantos, dois traços da vida mais bela. És assim santo entre os santos como a Bíblia te revela. Sendo moço, vais um dia noivo ser de alguém feliz. Pra ser noivo de Maria és um justo, a Bíblia diz (Mt 1,10).

3. Com Maria vais mostrando caminhos novos de amor. Mulher e homem se amando como os anjos do Senhor (Mt 1,24). E na terra assim se vai a louvar nova trindade. É Jesus com mãe e pai na mais santa virgindade.

4. És a imagem mais bonita da Providência Divina, essa ternura infinita que Deus sobre nós reclina. Deus, o Pai, quis de verdade José junto ao Filho Deus, pra Jesus não ter saudade do Divino Pai dos Céus.

5. Com Maria e seu menino a vida e tudo mais partilhas. Lembrando o Deus Uno e Trino na mais santa das famílias. Ó José, protege e guia nossas famílias também, para que as lutas, dia a dia, a rezar, vençam. Amém!

9. Trazemos à mesa santa

(Canto de ofertas: L. Pe. Lúcio Floro; M. Míria T. Kolling – CD em Louvor a São José – Paulinas)

1. Trazemos à mesa santa o fruto de nossas mãos. Uma transforma, outra planta e alimentam mil irmãos. O trabalho, quem diria? Era a missa de José que sustentava Maria e Jesus em Nazaré.

2. Trazemos também o vinho que gotas são de alegria. Pois Deus nos quer com carinho bem felizes, noite e dia. Com gestos mil, com sorriso. Como gotinhas de luz José se fez um paraíso. Do lar da mãe de Jesus!

3. Ofertas pomos na mesa gotas de nosso suor. Pois nossa missa é uma festa da partilha e do amor Para que fosse levada ao mundo esta luz da fé. Quanta madeira banhada no suor de São José.

10. José, humilde artesão
(Canto de comunhão: L. Pe. Lúcio Floro; M. Míria T. Kolling – CD em Louvor a São José – Paulinas)

1. José, humilde artesão, trabalhastes noite e dia para não faltar o pão no lar da Virgem Maria. Que não falte em nossa vida este pão que vem do céu, mas cresceu com a comida que o teu trabalho lhe deu!

2. Vem ajudar-nos, José, ensina-nos outra vez a receber com mais fé o pão que Jesus se fez!

3. Este Jesus tão criança te deu razão pra viver, dá-nos crescer na esperança por este pão aqui ter!

4. Bem mais que tudo, ó José, ensina-nos a amar Quem cresceu em Nazaré e é pão agora no altar!

5. Mostra o segredo da missa que é ter nas mãos este pão. É construir a justiça e promover todo irmão.

6. Parte de ti era, José, o pão que Jesus comia. Pensando nisso, ele até quis nosso pão ser um dia!

11. Querido padroeiro nosso, amém!
(L e M: Ir. Maria T. Kolling)

1. Ó São José, eis todo um povo feliz cantando a tua glória, casto esposo de Maria, Pai amável de Jesus! Ó São José, sempre de novo presente estás em nossa história. Tua mão é proteção! Para o Filho nos conduz.

São José, São José, o povo te venera e te quer bem! São José, São José, querido padroeiro nosso. Amém!

2. Tu és dos lares o advogado da Igreja, santo padroeiro, protetor dos operários, servidor fiel de Deus! De graça e bênçãos coroado teus bens partilhas co'os herdeiros! Tal poder faz-nos crer. Deus atende os rogos teus!

3. E hoje, neste santuário, teu nome enche de alegria Céus e terra, a nossa Igreja que celebra o teu louvor! Do Pai nos faze missionários Bendito e justo, vem, nos guia! Pela fé, São José dá-nos alcançar o amor!

12. Canto a São José
(Autor desconhecido)

1. Vinde, alegres cantemos, a Deus louvar, a um pai exaltemos, sempre com mais fervor.

São José, a vós o nosso amor, sede nosso bom protetor, aumentai o nosso fervor.

2. São José triunfante vai a glória gozar, e, pra sempre reinante, no Senhor repousar.

3. Vós, esposo preclaro, amantíssimo pai, dos cristãos firme amparo, este canto aceitai.

4. São José por decreto, de Deus Criador, desposastes, discreto, a Mãe do Salvador.

5. Quis o verbo Divino dar-vos nome de pai, um glorioso destino para nós imperai.

6. São José Operário ensinou o Menino a viver do trabalho sendo humano e divino.

II. TEXTOS
(Padre Mendonça)

A veneração a São José está ligada à família, de forma especial. O papel do pai dentro do contexto familiar é fundamental. Pode haver uma mudança das formas de exercer a paternidade numa família extensa, na qual parentes assumem a paternidade e, também, em outros relacionamentos, os pais nem sempre são os biológicos. Contudo, a presença do pai não pode ser deixada de lado.

O pai biológico ou substituto precisa ser resgatado, pois a presença paterna educa para a disciplina, segurança, sentido do limite, força de vontade. Por isso apresento estas orações para ajudar os pais nessa tarefa fundamental de educar os filhos.

A mãe também tem sua tarefa, mas no texto desejo deixar claro o papel do pai. Que os pais encontrem em São José o modelo de paternidade quase ausente na sociedade de hoje.

De pai para Pai

Caro São José, não sei dizer palavras bonitas. Às vezes, elas fogem e ficam difíceis. Tu sabes como é difícil para um homem expressar os sentimentos. Parece que o mundo cai na nossa cabeça. Mas hoje estou aqui, diante da tua imagem, que veneramos com tanto carinho. Tu trazes no colo o menino Jesus e me questionas. Não sei se alguma vez levei meus filhos no colo. Parece que tive vergonha ou talvez ainda tenha. Carregar o filho no colo é imitar a mãe, que carregou a criança no ventre por nove meses. Quantas vezes levei meus filhos no colo? Poucas, José, muito poucas vezes. Falhei ao não realizar esse gesto tão simples, mas tão necessário para mim e para eles.

Hoje, quero renovar minha paternidade. Desejo ser o pai que sabe dar e receber afeto. Quero ser o pai que sorri para o filho, mesmo que às vezes não entenda o que eles querem. Quero sorrir com eles para não chorar depois. Desejo ser pai fiel, amigo, companheiro, presença educativa e evangelizadora. Quero ser pai cristão de verdade. Desejo abrir meu coração para a Palavra de Deus e não ter medo de falar de Deus para meus filhos. José, amigo e pai, ajuda-me a ser pai também. Amém.

De futuro pai para Pai

Amigo São José, estou aqui na busca de encontrar razões para ser um bom pai. Quando olho para a tua imagem, vejo sempre o menino Jesus em teus braços. Ele está confiante. Quero ser pai bondoso, afetuoso, honesto, fiel. Sei que é difícil nos dias de hoje ser tudo isso, por isso preciso de tua ajuda paterna. Tu foste pai na juventude e sofreste muito, mas soubeste superar, porque tinhas confiança na Palavra de Deus. Serei pai e ainda não me acostumei com a ideia. O que devo fazer? Ensina-me a paternidade responsável, aquela mesma que te levou a guiar pelo deserto a tua esposa e teu pequeno filho. Nos desertos da minha vida, que são tantos – trabalho, despesas, cansaços, alegrias, doenças, sucessos – que eu seja corajoso como tu fostes. Que nada atinja a minha família. Quero ser o guardião, o amigo, a presença amorosa. Reza a Deus por mim. Amém!

De mãe para o Pai

Querido São José. Aqui estou como mãe. Fostes o amor de Maria. O único amor humano que ele partilhou juntamente com Jesus. Sou mãe e amo minha família, mas às vezes sinto o peso do cotidiano. Nem sempre as coisas são como sonho. Falta paciência. Nossa, como é difícil ser paciente. Os trabalhos, a casa, os filhos, o esposo (ou a ausência dele) me machucam. É muita responsabilidade para a minha fragilidade.

Aqui, diante da tua imagem, quero renovar meu desejo de ser mãe. Uma mãe educadora. Desejo partilhar com meus filhos o afeto e a segurança. Que eu saiba amar com aquele respeito que tivestes por Maria. Que eu saiba valorizar e respeitar meu esposo. Que entre nós reine a verdadeira paz. Amém.

De filho para Pai

São José, eu sou fruto do amor de duas pessoas. Tudo indica que foi de fato amor. Seja o que for, eu estou aqui fazendo a minha história. Tenho quedas, sucessos, fracassos, vitórias. Cada dia parece uma corrida desigual. Muitos são os apelos. Deus às vezes parece incomodar, prejudicar meus interesses verdadeiros; cheguei até a desejar que Deus não existisse, porque assim eu poderia agir sem me sentir cobrado. No entanto, quando olho para a tua imagem vejo algo mais forte. Não sinto Deus como um policial, mas como possibilidade de felicidade. É um dilema constante. Vivo entre a fé e a incredulidade, a busca de satisfazer meus desejos e o senso comum, o egoísmo e a vontade de partilhar. Também fostes jovem; aliás, disseram-me que eras muito jovem quando o Anjo revelou que serias pai de Jesus. Fico imaginando o teu desespero. Contudo descobri que soubestes acolher Maria e o filho que era gerado nela. Sou filho e venho te pedir a coragem de ser bom filho, quando tantos filhos abandonam seus pais. Que eu saiba amar como filho. Amém.

Oração para receber a Comunhão de Santo Tomás de Aquino

Ó Deus eterno e todo-poderoso, eis que me aproximo do sacramento do vosso Filho único, nosso Senhor Jesus Cristo. Impuro, venho à fonte da misericórdia; cego à luz da eterna claridade; pobre e indigente, ao Senhor do céu e da terra. Imploro, pois, a abundância de vossa imensa liberdade para que vos digneis curar minha fraqueza, lavar minhas manchas, iluminar minha cegueira, enriquecer minha pobreza e vestir minha nudez. Que eu receba o Pão dos Anjos, o Rei dos reis e o Senhor dos senhores, com o respeito e a humildade, com a contrição e a devoção, a pureza e a fé, o propósito e a intenção que convêm à salvação de minha alma. Dai-me receber não só o sacramento do Corpo e do Sangue do Senhor, mas também seu efeito e sua força. Ó Deus de mansidão, dai-me acolher com essas disposições o Corpo que vosso Filho único, nosso senhor Jesus Cristo, recebeu da Virgem Maria, que seja incorporado a seu corpo místico e contado entre seus membros. Ó Pai cheio de amor, fazei que, recebendo agora vosso Filho sob o véu do sacramento, possa na eternidade contemplá-lo face a face. Ele, que convosco vive e reina para sempre. Amém.

Oração pelas vocações

Ó Maria, mãe de Jesus, Auxiliadora dos cristãos e Mestra de Dom Bosco, ouve a nossa prece: roga ao Senhor da messe que mande operários para sua messe. Como mãe delicada, pede a teu Filho que envie apóstolos leigos e leigas, religiosos e religiosas, sacerdotes, missionários e missionárias e catequistas para trabalharem na evangelização das crianças, dos jovens e dos adultos. Pede também, mãe querida, por nós: que possamos viver sempre unidos, ser apóstolos dedicados, servidores destemidos e seguidores autênticos do teu Filho. Amém!

Oração pelas vocações (CNBB)

Senhor da Messe e Pastor do Rebanho, faze ressoar em nossos ouvidos teu forte e suave convite: Vem e segue-me! Derrama sobre nós o teu Espírito, que ele nos dê sabedoria para ver o caminho e generosidade para seguir tua voz. Senhor, que a Messe não se perca por falta de operários. Desperta nossas comunidades para a missão. Ensina nossa vida a ser serviço. Fortalece os que desejam dedicar-se ao Reino na diversidade dos ministérios e carismas. Senhor, que o rebanho não pereça por falta de pastores. Sustenta a fidelidade de nossos bispos, padres, diáconos, religiosos, religiosas e ministros leigos e leigas. Dá perseverança a todos os vocacionados. Desperta o coração de nossos jovens para o ministério pastoral em tua Igreja. Senhor da Messe e Pastor do Rebanho, chama-nos para o serviço de teu povo. Maria, Mãe da Igreja, modelo dos servidores do Evangelho, ajuda-nos a responder sim. Amém!

Ladainha de São José

Senhor, tende piedade de nós,
T.: Senhor, tende piedade de nós.
Jesus Cristo, tende piedade de nós,
T.: Jesus Cristo, tende piedade de nós.
Senhor, tende piedade de nós,
T.: Senhor, tende piedade de nós.
Santa Maria, mãe de Deus,
T.: Rogai por nós.
São José, ilustre descendente de Davi,
T.: Rogai por nós.

Luz dos patriarcas,
T.: Rogai por nós.
Esposo da mãe de Jesus,
T.: Rogai por Deus.
Pai de Jesus,
T.: Rogai por nós.
Casto defensor da virgem,
T.: Rogai por nós.
Pai nutrício do Filho de Deus,
T.: Rogai por nós.
Desvelado defensor de Cristo,
T.: Rogai por nós.
Chefe da Sagrada Família,
T.: Rogai por nós.
José justíssimo,
T.: Rogai por nós.
José castíssimo,
T.: Rogai por nós.
José prudentíssimo,
T.: Rogai por nós.
José fortíssimo,
T.: Rogai por nós.
José obedientíssimo,
T.: Rogai por nós.
José fidelíssimo,
T.: Rogai por nós.

Espelho da paciência,
T.: Rogai por nós.
Amante da irmã pobreza,
T.: Rogai por nós.
Modelo dos trabalhadores,
T.: Rogai por nós.
Exemplo da vida doméstica,
T.: Rogai por nós.
Sustentáculo das famílias,
T.: Rogai por nós.
Alívio dos enfermos,
T.: Rogai por nós.
Esperança dos agonizantes,
T.: Rogai por nós.
Terror dos demônios,
T.: Rogai por nós.
Protetor da Igreja,
T.: Rogai por nós
Cordeiro de Deus, que tirais o pecado do mundo,
T.: Perdoai-nos, Senhor
Cordeiro de Deus, que tirais o pecado do mundo,
T.: Tende piedade de nós
O Senhor o fez dono de sua casa,
T.: E príncipe de todos os seus domínios. Amém!

Oração a São José
(Pe. Humberto Robson de Carvalho)

– Querido São José, filho de Davi, homem justo, esposo de Maria, homem de fé, praticante da Palavra de Deus, zeloso protetor da Sagrada Família, padroeiro da Igreja e fiel companheiro do povo, sua intercessão pedimos a Deus:

Todos: Por todos os pais e mães de família e pelos casais que estão se preparando para o matrimônio, para que se comprometam cada vez mais com a sua missão de educadores. Pelo surgimento e amadurecimento de vocações sacerdotais e religiosas em nossa comunidade paroquial. Pelos doentes, trabalhadores, operários, pobres e excluídos da sociedade, especialmente pelos desempregados, para que nunca se sintam desamparados. Por todos os seus devotos, para que recebam a graça de sempre viver, tendo Jesus e Maria como companheiros e amigos de caminhada.

– Querido São José, santo de Deus:

Todos: Colocamos as nossas intenções de oração nas suas mãos, certos de que, ao confiarmos em sua intercessão, não seremos decepcionados. E, nesta esperança, nós lhe agradecemos. Amém.

Referências bibliográficas

Se você quiser aprofundar ainda mais o conhecimento sobre São José e temas de espiritualidade em geral, recomendo as seguintes leituras:

João Paulo II. *Redemptoris Custos*, Exortação Apostólica sobre São José, 1989.

Flores, José H. Prado. *José, esposo e pai*, São Paulo: Loyola, 1998.

Sá, Ricardo, *Imitação de José*, São Paulo: Loyola, 1999.

Boff, Leonardo. *São José: a personificação do Pai*, Campinas-SP: Verus Editora, 2005.

_____. *O rosto materno de Deus*, Petrópolis: Vozes, 1976.

_____. *Espiritualidade: um caminho de transformação*, Rio de Janeiro: Sextante, 2001.

BOFF, Leonardo. *O Pai-nosso: a oração da libertação integral*, Petrópolis: Vozes, 2003.

GRÜN, ANSELM. *A oração como encontro*, 3ª ed. Petrópolis: Vozes, 2003.

GRÜN, ANSELM. *A proteção do Sagrado*, Petrópolis: Vozes, 2003.

MENDONÇA, Pe. João. *Juventude e Sagrado: crer num mundo de muitas crenças*, São Paulo: Paulinas, 2003.

CONGREGAÇÃO PARA O CULTO DIVINO E DISCIPLINA DOS SACRAMENTOS, Diretório sobre a piedade popular: princípios e orientações, São Paulo, Paulinas, 2003.

Índice

Apresentação 5
Confiança em Deus 9

1ª Parte: O que o evangelho diz sobre São José 11
O exílio no Egito.. 14
A vida em Nazaré 15
O temor de Deus 19

2ª Parte: Rezar a Deus invocando São José 23
1. Novena a São José, pai de Jesus
   e esposo de Maria 25
2. Novena para uso pessoal 33
3. Novena para visita nas famílias 37
Agradecimento ao Senhor.. 41

3ª Parte: Cantos e textos para
            nos ajudar a dialogar com José 43
I. Cantos 43

II. Textos 51
De pai para Pai 51
De futuro pai para Pai 52
De mãe para o Pai 53
De filho para Pai 54
Oração para receber a comunhão
   de Santo Tomás de Aquino 55
Oração pelas vocações 56
Oração pelas vocações (CNBB) 56
Ladainha de São José 57
Oração a São José 60
Referências bibliográficas 61